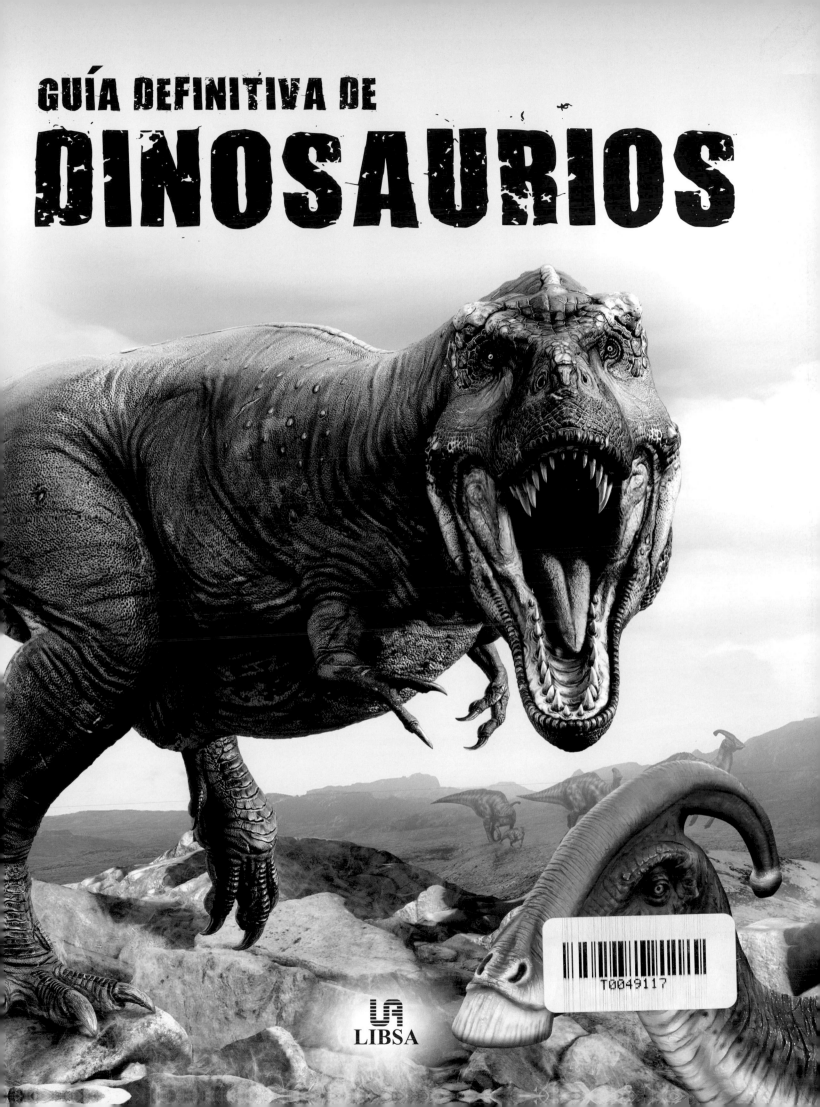

GUÍA DEFINITIVA DE DINOSAURIOS

LIBSA

Dinosaurios

Este grupo de reptiles dominó la Tierra durante casi 140 millones de años, en la llamada era Secundaria o Mesozoica. El nombre que se eligió para el grupo fue «dinosaurios», que significa «lagartos terribles», aunque la mayoría de ellos fueron gigantes inofensivos.

■ ¿Cómo surgieron?

En el primer tercio del periodo Triásico, hace unos 230-240 millones de años, surgió el antepasado común a todos los dinosaurios. Parece que esos primeros ejemplares fueron pequeños depredadores que se movían sobre dos patas. A partir de ese momento y hasta finales del Cretácico, fueron apareciendo y desapareciendo nuevas especies.

◀ Se cree que el eoraptor, un pequeño depredado bípedo, fue uno de los primeros dinosaurios.

En la actualidad se conocen unos 500 géneros de dinosaurios, aunque se piensa que ese número es solo la tercera parte de los que existieron y aún no se han descubierto.

■ ¿Qué tenían en común?

Lo cierto es que no mucho, ya que tanto su forma como los lugares donde vivían fueron muy variados. Había impresionantes gigantes de hasta 6 metros de altura y otros del tamaño de una gallina; unos caminaban a cuatro patas, otros apoyándose solo en dos y algunos que lo hacían indistintamente; los había que comían carne o solo plantas y semillas, y otros que se llevaban a la boca todo lo que encontraban.

Eran animales ovíparos, es decir, se reproducían por huevos. La hembra los depositaba en un hoyo cavado en el suelo o en una estructura especial a modo de nido que construía preferentemente cerca de las orillas de ríos o lagos de aguas tranquilas y sin corrientes.

ERA MESOZOICA	Cretácico	Extinción de los dinosaurios
	Jurásico	Los dinosaurios dominan el planeta
	Triásico	Aparición de los dinosaurios

■ ¿Dónde vivían?

Hace millones de años los continentes no estaban distribuidos como en la actualidad. A finales del Triásico y principios del Jurásico, todos estaban unidos en un gran continente llamado Pangea. Esa «tierra sin fin» permitió que los dinosaurios se distribuyeran por todo el mundo.

A principios del Cretácico, después de millones de años, la gran Pangea ya se había fragmentado en varios continentes y los dinosaurios fueron quedando en tierras separadas y comenzaron a evolucionar de forma independiente en cada uno de los continentes.

■ ¿Por qué se extinguieron?

Hace unos 65 millones de años, a finales del Cretácico y principios de la era Terciaria, se produjo en el planeta una extinción masiva que no solo afectó a los dinosaurios, sino a unas tres cuartas partes de las formas de vida prehistóricas. No se conoce la causa de ese cataclismo. Quizá fuera la caída de un meteorito, una intensa e inusual actividad volcánica o el considerable descenso del nivel del mar que se produjo en esa época.

Coelophysis

Era un dinosaurio grande, pero de cuerpo muy esbelto y poco pesado. Y es que esas características eran las que necesitaba para utilizar eficazmente sus mejores armas para la caza: gran agilidad de movimientos y una carrera a extraordinaria velocidad.

¿Cómo nacía?

La hembra ponía unos 24-26 huevos de los que nacían unas crías que podían valerse por sí mismas desde que rompían el cascarón.

¿Por qué tenía tan grandes los ojos?

Eran otra de sus mejores ayudas para la caza, ya que estaban orientados hacia delante y así podía calcular muy bien las distancias. Por el día tenía una vista tan magnífica como la de las aves rapaces actuales, pero por la noche… ¡más cegato que un topo!

Las crías crecían tan rápido **que con un año** ya medían **1,5 m** de longitud

La cola era muy larga, tanto que medía casi la mitad del largo total del cuerpo. Solo la movía hacia arriba y hacia abajo, pero era muy útil porque funcionaba como el timón de un barco.

DATOS

Largo aprox.	2,5-3 m
Altura aprox.	1 m a la cadera
Peso aprox.	15-20 kg
Alimentación	Carnívoro
Era	Vivió entre hace 203 y 196 millones de años, en el Triásico
Significado del nombre	Forma hueca

¿Qué comía?

Normalmente cazaba animales pequeños parecidos a lagartos, anfibios, peces y mamíferos similares a las musarañas. Y para desgarrar la carne contaba con muchos dientes afilados, con forma de cuchilla y los bordes aserrados.

¿Dónde vivía?

En las llanuras semidesérticas de América del Norte, y también se han encontrado restos en África.

Cazaba en grupo cuando quería perseguir presas de gran tamaño.

Sus patas posteriores eran muy largas y fuertes, con huesos huecos y terminadas en tres dedos con afiladas garras. Las delanteras, aunque más finas, las podía mover con agilidad y tenían fuerza suficiente para sujetar las presas.

5

Dilophosaurus

Este dinosaurio tenía un tamaño parecido al de un oso pardo y en la cabeza destacaban dos crestas verticales de forma semicircular que parece que no le servían ni como arma de ataque ni como defensa, ya que eran demasiado débiles.

Cada cresta se iba estrechando hacia la parte trasera de la cabeza y terminaba en una púa.

■ ¿Tenía dientes?

¡Claro que sí! Eran largos, finos y muy afilados, los de arriba más grandes y fuertes que los de abajo. Además, los que se situaban en el hocico estaban un poco separados del resto, como en los cocodrilos.

■ ¿Cómo eran sus patas traseras?

Robustas, con un hueso del muslo de enorme tamaño y unos pies fuertes terminados en dedos con grandes garras.

DATOS

Largo aprox.	6-7 m
Altura aprox.	2,5 m
Peso aprox.	400 kg
Alimentación	Carnívoro
Era	Vivió entre hace 200-190 millones de años, en el Jurásico
Significado del nombre	Lagarto de dos crestas

■ ¿Es verdad que escupía veneno?

¡No y no! Aunque se vea cómo lo hace en la famosa película *Parque Jurásico*, ese dato no es cierto.

Tenía la cabeza grande en comparación con el resto del cuerpo, pero no era pesada.

■ ¿Dónde vivía?

En Norteamérica, quizá formando manadas integradas por un macho dominante y muchas hembras, como los leones.

Era un dinosaurio bípedo, es decir, caminaba sobre las dos patas traseras.

Quizá su alimento principal fue el pescado, dada la semejanza de su dentadura con la de cocodrilos y gaviales.

■ ¿Cazador o carroñero?

Algunos creen que era muy buen cazador: sujetaba a sus presas con las patas y las desgarraba y cortaba con sus dientes. Pero otros piensan que su mordisco no era tan poderoso como para matar a una presa, así que tendría que alimentarse de animales ya muertos.

Sus brazos eran **largos, delgados** y muy **fuertes**, con **dedos** que terminaban en unas **poderosas garras**.

Cryolophosaurus

Si te preguntasen sobre la posibilidad de que vivieran dinosaurios en la Antártida, responderías con un rotundo «¡no!»... y te equivocarías. Hace millones de años, el cryolophosaurus recorrió los bosques que entonces crecían en lo que ahora es un continente helado.

DATOS

Largo aprox.	6-7 m
Altura aprox.	4,5 m
Peso aprox.	465 kg
Alimentación	Carnívoro
Era	Vivió entre hace 194 y 188 millones de años, en el Jurásico
Significado del nombre	Reptil de cresta congelada

Su cola era larga, delgada y fuerte.

La utilizaba para compensar y mantener el equilibrio cuando corría velozmente.

¿Y esa extraña cresta?

En la frente, justo encima de los ojos, lucía una cresta en forma de abanico, parecida a una peineta, que crecía verticalmente. Aunque era de hueso, resultaba demasiado frágil para servirle de arma defensiva, así que se cree que podría utilizarla para destacar dentro de la manada.

■ ¿Dónde vivía?

En la Antártida, que a principios del Jurásico tenía un clima templado y estaba cubierta por densos bosques, al menos en las zonas cercanas a la costa, con muchas plantas y animales diferentes.

■ El dino roquero

A este dinosaurio también se le llama Elvisaurus, en recuerdo al cantante Elvis Presley, ya que su cresta recuerda al característico tupé con que se peinaba la estrella del rock.

Parece que fue el dinosaurio carnívoro más grande de su época, pero su cerebro era bastante primitivo.

Tenía muchos dientes **afilados y puntiagudos** con los que sujetaba a sus **presas**

Tanto sus cortos brazos como las piernas acababan en dedos armados con fuertes garras para despedazar a sus presas.

Sus patas traseras eran largas y robustas, por lo que parece que fue un corredor bastante ágil. Era bípedo: caminaba y corría apoyado solo en ellas.

Comparación de tamaño entre un cryolophosaurus adulto y un humano medio (1,8 m)

9

Allosaurus

Su cola era **larga y fuerte** y estaba formada por **50 vértebras**

A finales del Jurásico, el planeta estaba cubierto por bosques de helechos y coníferas gigantes y poblado por animales cuyo aspecto ahora nos parece raro. Uno de esos animales era este enorme dinosaurio, quizá el más temible y eficaz depredador de su época.

¿Dónde vivía?

Se han encontrado restos de este dinosaurio en varios lugares de América del Norte, en Tanzania (África) y en Australia. Se cree que quizá pudo vivir también en Europa.

Sus presas favoritas eran los dinosaurios herbívoros de cualquier tamaño, pero si no tenía éxito en la caza, tampoco le importaba comer los animales muertos que encontrase.

¿Y esos abultamientos?

Encima de los ojos tenía dos salientes parecidos a cuernos y otras dos líneas de cuernecillos más pequeños hasta la punta del hocico.

¿Cuántos dientes tenía?

Eran 60 dientes afilados y con el borde aserrado para desgarrar mejor. Los dientes posteriores eran más cortos y curvados.

¿Qué técnica de caza usaba?

Esperaba al acecho, escondido entre la espesura y, cuando se acercaba una presa, se abalanzaba sobre ella, la sujetaba con las garras de las patas delanteras y la mordía varias veces en el cuello para matarla, como hacen los felinos actuales.

Su enorme cabeza no era muy pesada porque tenía grandes aberturas entre los huesos.

Las patas delanteras eran cortas y robustas; terminaban en tres dedos con fuertes garras curvadas.

Las patas traseras no estaban adaptadas a la carrera y terminaban en una especie de pezuña con tres dedos.

DATOS

Largo aprox.	12 m
Altura aprox.	4,5 m
Peso aprox.	1-2 toneladas
Alimentación	Carnívoro
Era	Vivió entre hace 161 y 145 millones de años, en el Jurásico
Significado del nombre	Lagarto extraño

Pterodáctilo

¿Creías que solo volaban las aves? Pues no. En el Jurásico también había ¡reptiles voladores! El pterodáctilo fue el primero de esos extraños animales que se descubrió y al que se puso nombre. No es un dinosaurio, pero sí un reptil, como lo eran ellos.

■ ¿Dónde vivía?

Se han encontrado evidencias de que el pterodáctilo vivió en Europa, en los territorios que ahora ocupan Francia, Alemania e Inglaterra, y también en la región de Tanzania, en África.

Su técnica de vuelo parece que combinaba el planeo (se dejaba llevar por el viento) con rápidos aleteos de las alas.

▼ Fósil de pterodáctilo.

■ ¿Cómo eran sus alas?

Muy grandes y sin plumas. Estaban formadas básicamente por piel y las sostenía el cuarto dedo, que era muy, muy largo, de cada pata delantera.

■ ¿Cómo vivía?

Eran animales de crecimiento muy lento que vivían formando colonias en las que convivían crías menores de un año qué no podían volar, individuos de más de dos años pero que aún seguían creciendo y animales completamente adultos.

DATOS

Envergadura aprox.	90-150 cm
Peso aprox.	1-4,5 kg
Alimentación	Carnívoro
Era	Vivió entre hace 158-148 millones de años, en el Jurásico
Significado del nombre	Dedo alado

¿Tenía dientes?

¡Y pico también! Con unos 90 dientes grandes y cónicos, que se iban haciendo más pequeños hacia el final de la boca.

La cresta de algunos **pterodáctilos** podía alcanzar **5 veces la altura** de su **cráneo**

Los ejemplares más pequeños de pterodáctilo tenían más o menos el tamaño de un gallo, pero ahí acaban las semejanzas entre ambos animales. El pterodáctilo era muy buen volador, aunque bastante patoso en tierra firme.

¿Qué comía ?

Parece que se alimentaba sobre todo de peces, pero también cazaba pequeños animales terrestres.

Era de hábitos diurnos, es decir, desarrollaba su actividad durante el día. Así evitaba la competencia con los cazadores nocturnos.

El cuello era largo y estaba cubierto por una especie de cerdas duras.

¿Qué es el saco gular?

Piensa en un pelícano. ¿Recuerdas que tiene una especie de bolsa extensible debajo del pico donde guarda lo que pesca? Pues también la tenía el pterodáctilo y la utilizaba igual.

Brontosaurus

Este monumental gigante del Jurásico vivió en el norte y el oeste de lo que actualmente es Estados Unidos. Era pariente del diplodocus y uno de los mayores cuadrúpedos que hayan poblado la Tierra en toda su historia.

Su **cola** era muy **larga** y estaba formada por **82 vértebras** entrelazadas

■ ¿Era veloz?

Corriendo podía alcanzar una velocidad máxima de 20-30 km/h, que teniendo en cuenta su tamaño, no está nada mal.

Era un animal de carácter solitario al que no le gustaba la vida en grupo.

■ ¿Cómo se defendía?

Pocos depredadores debían atreverse a atacar a semejante gigante, pero los que lo hacían se enfrentaban a un arma poderosa: la cola, que hacía restallar como si fuera un látigo, produciendo un sonido similar a un cañonazo.

DATOS

Largo aprox.	21-25 m
Altura aprox.	Más de 4 m
Peso aprox.	30 toneladas
Alimentación	Herbívoro
Era	Vivió entre hace 152 y 155 millones de años, en el Jurásico
Significado del nombre	Lagarto trueno

¿Y esa cabecita?

El brontosaurus era más grande que una pista de tenis y pesaba como cinco elefantes africanos. En cambio, su cabeza era diminuta en comparación con el resto del cuerpo. Apenas medía 55 cm de largo. ¡Más pequeña que un balón de fútbol!

¿En el agua?

Al principio se creyó que vivían sumergidos en el agua para soportar su gran peso, pero no, ¡solo pisaban tierra firme!

Se alimentaba de plantas y con su larguísimo cuello no tenía problemas para alcanzar incluso los brotes y las hojas que se hallaban en la copa de los árboles más altos.

¿Por qué «lagarto trueno»?

Ese nombre se lo puso su descubridor pensando que sería precisamente ese sonido, el del trueno, el que producirían las patas de un animal de 30 toneladas de peso al impactar contra el suelo cuando caminaba. ¡Qué susto escuchar ese tremendo ruido!

Las patas eran muy robustas para soportar el enorme peso del animal. Cada una terminaba en cinco dedos cortos, con una garra en el «gordo» de las patas delanteras y otras en los tres primeros dedos de las traseras.

Diplodocus

Utilizaba su cola como un látigo para defenderse o para hacer ruido y asustar a sus enemigos.

Cuando restallaba su cola, **podía alcanzar los 1.200 km/h,** ¡más veloz que el sonido!

■ ¿Qué aspecto tenía?

Caminaba sobre cuatro patas, tenía un cuello muy largo y una gran cola en forma de látigo. Sus patas delanteras eran un poco más cortas que las traseras, lo que le proporcionaba una posición totalmente horizontal: ¡era como un puente colgante!

■ ¿Qué comía?

Le gustaba deshojar ramas; usaba solo los dientes de un lado del hocico para arrancar las hojas. Tragaba piedras, llamadas gastrolitos, para triturar la vegetación en su estómago sin perder tiempo masticando.

El diplodocus es muy fácil de reconocer por su gigantesco tamaño. Es uno de los dinosaurios más estudiados, por la gran cantidad de fósiles suyos que se han encontrado.

■ ¿Dónde vivía?

Vivió en Norteamérica, en zonas semiáridas en las que se alternaban estaciones húmedas con otras secas.

■ ¿Cómo nacía?

Nacía de huevos tan grandes como un balón de fútbol. Cuando rompían la cáscara, las crías se metían corriendo en los bosques hasta que eran lo suficientemente grandes como para defenderse. Engordaban ¡una tonelada! al año hasta que alcanzaban la edad adulta.

■ ¿Cómo se defendía el diplodocus?

Su gran tamaño era su mejor defensa contra su mayor depredador, el allosaurus. Se piensa que pudo haber ejemplares de hasta 54 m de largo, haciéndolo el dinosaurio más largo del que tenemos noticias.

54 m

Sus dientes eran alargados y estaban colocados solo en la parte delantera del hocico.

Baryonyx

El descubrimiento de este dinosaurio carnívoro causó gran sensación, porque se diferenciaba mucho de otros parientes hallados hasta entonces. No solo era distinta la forma de su cuerpo y su cabeza, también sus presas favoritas fueron una sorpresa: ¡peces!

Aunque no era acuático, sí pasaba gran parte del día sumergido en el agua, como los hipopótamos y cocodrilos actuales.

¿Dónde vivía?

Se han encontrado restos de este dinosaurio en zonas cercanas a ríos y lagos en Inglaterra, Portugal y España.

¿Qué comía?

Se alimentaba de peces que capturaba igual que lo hacen los osos pardos: se ponía a cuatro patas en la orilla de un río y, cuando se acercaba un pez, lo ensartaba con sus poderosas garras delanteras.

DATOS

Largo aprox.	Más de 9 m
Altura aprox.	2,5 m a la cadera
Peso aprox.	2-3 toneladas
Alimentación	Carnívoro
Era	Vivió hace entre 130 y 125 millones de años, en el Cretácico
Significado del nombre	Garra pesada

¿Cabeza de cocodrilo?

La forma de la cabeza era uno de los rasgos más peculiares de este dinosaurio, ya que no se parecía a la de sus parientes carnívoros, sino que era larga y estrecha, como la de un cocodrilo. Terminaba en un hocico parecido al de los actuales gaviales de la India.

¿Cómo eran sus dientes?

Tenía 96 dientes, el doble que otros parientes carnívoros. Todos eran muy puntiagudos y, en general, de pequeño tamaño, excepto los del hocico, que eran un poco más grandes.

Su cuello era largo, pero no muy flexible, y tampoco tenía la característica forma de S de otros dinosaurios carnívoros.

Las patas delanteras eran más cortas que las traseras, pero tenían una estructura muy robusta, lo que le permitía manejar con fuerza y eficacia las grandes garras con las que iban armadas.

Parece que caminaba y corría sobre las patas traseras, aunque cuando se paraba podía apoyar las cuatro.

En cada pata **delantera** **tenía una enoooorme garra curvada** que medía unos **35 cm**

Iguanodon

Cuando se descubrió este dinosaurio, aún no se sabía nada de ese grupo de extraños animales prehistóricos y, por supuesto, no existía una palabra para nombrarlos. Para este se eligió el nombre de iguanodon por la semejanza de sus dientes con los de una iguana, aunque de tamaño gigantesco.

DATOS

Largo aprox.	9-12 m
Altura aprox.	5 m a la cadera
Peso aprox.	3-4,5 toneladas
Alimentación	Herbívoro
Era	Vivió hace entre 130-120 millones de años, en el Cretácico
Significado del nombre	Diente de iguana

Sus patas posteriores eran robustas, pero no aptas para la carrera, y terminadas en tres dedos. Y las anteriores casi tan largas como las otras.

Podía caminar tanto sobre dos patas (bípedo) como sobre cuatro (cuadrúpedo). Al desplazarse lo hacía apoyando solo los dedos y con las palmas de las «manos» enfrentadas.

¿Dónde vivía?

Este dinosaurio vivió en Europa (Inglaterra, Alemania y Bélgica), América del Norte (Utah), África (Túnez) y Asia (Mongolia).

¿Podía masticar?

En realidad, no. Lo que hacía era triturar las plantas a base de «frotarlas» entre los dientes superiores y los inferiores.

Parece raro, pero la boca terminaba en un pico duro y sin dientes. Estos se situaban en la parte trasera de la boca, con 58 en la mandíbula superior y 50 en la inferior.

Se alimentaba de plantas que creciesen hasta unos 4-5 metros de altura. Sus mandíbulas eran lo suficientemente robustas como para triturar las partes vegetales más duras.

¿Cómo eran los dedos de sus manos?

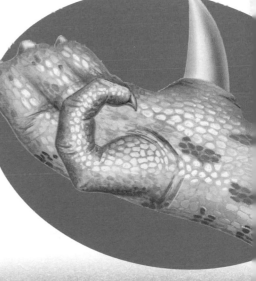

Eran cinco y muy singulares: los tres centrales estaban unidos y lo servían de apoyo al caminar, el meñique era largo y lo utilizaba para manipular objetos y recoger el alimento, y el pulgar era muy grande y con una gran garra que usaría para defenderse.

La gran garra del dedo pulgar de cada pata delantera **medía unos 19 cm** de largo

Deinonychus

Fue uno de los predadores más veloces, ágiles e inteligentes entre los dinosaurios que vivieron a principios del Cretácico. Su cuerpo pequeño y ligero le ayudaba en la carrera y sus temibles garras y dientes, a dar caza de forma certera a cualquier presa.

En carrera podía alcanzar los 40 km/h, lo mismo que un elefante o un delfín.

¿Cómo corría?

Lo hacía sobre las patas traseras, apoyando solo dos de sus cuatro dedos. El primer dedo era muy pequeño y el segundo lo llevaba «encogido» para que la garra no tocase el suelo.

¿Cuál era su arma de caza?

La enorme garra en forma de hoz que tenía en el segundo dedo de cada pata trasera y que actuaba como un cuchillo para desgarrar la carne de la presa, mientras la sujetaba con las uñas largas y curvadas de los tres dedos de las patas delanteras.

Los restos de esta especie de dinosaurio solo se han encontrado en diversos lugares de Estados Unidos.

DATOS

Largo aprox.	3-4 m
Altura aprox.	87 cm a la cadera
Peso aprox.	10-100 kg
Alimentación	Carnívoro
Era	Vivió hace entre 115 y 108 millones de años, en el Cretácico
Significado del nombre	Garra terrible

◼ ¿Cómo cazaba?

Parece que, cuando quería cazar presas grandes, lo hacía en manadas. Así se explica que un grupo de estos pequeños dinosaurios pudiera acabar con un tcnontosaurio, un enorme herbívoro que medía casi lo mismo que un autobús y ¡pesaba una tonelada!

Aunque los reptiles actuales no pueden regular la temperatura de su cuerpo, parece que este dinosaurio sí era capaz de hacerlo, igual que las aves y los mamíferos.

◼ ¿Estaba emplumado?

No se sabe con seguridad, pero parece probable que tuviera plumas en las patas y la cola.

La garra
en la que terminaba
el segundo dedo
de cada **pata**
trasera medía
unos **13 cm**

◼ ¿Tenía dientes?

¡Por supuesto, y eran temibles! Contaba con alrededor de 70 dientes muy afilados que bordeaban sus fuertes y poderosas mandíbulas.

Spinosaurus

Compitiendo en tamaño con el tiranosaurio, a finales del Cretácico vivió otro enorme dinosaurio carnívoro, el espinosaurio. Ver acercarse a un animal de esa envergadura, con una enorme cresta sobresaliendo sobre su lomo como si fuera una gran vela, haría huir despavoridas a todas las presas.

Vivió en varios lugares de África, ocupando zonas costeras pantanosas, marismas y humedales en las que crecía una vegetación muy similar a los actuales manglares.

La cresta que tenía en el lomo **medía unos 2 m** de altura, **más que** la estatura de un **hombre**

¿Qué comía? ¡Siempre carne! Parece que cazaba tanto animales terrestres como acuáticos y podía tragar enteras a sus presas, igual que lo hacen los pelícanos. Y si no encontraba nada que cazar, tampoco le hacía ascos a comer carroña, es decir, animales ya muertos.

DATOS

Largo aprox.	12-18 m
Altura aprox.	4-7 m
Peso aprox.	6-9 toneladas
Alimentación	Carnívoro
Era	Vivió hace entre 112 y 94 millones de años, en el Cretácico
Significado del nombre	Lagarto con espinas

¿Y para qué le servía esa cresta?

Quizá sirviera para regular la temperatura corporal. Al desplegarla al sol, se calentaría y ese calor se extendería rápidamente a todo el cuerpo. Así podría empezar a cazar antes de que sus presas se «despertasen».

Sus mandíbulas eran estrechas y alargadas, con 38 dientes en la superior y 30 en la inferior.

¿Cómo eran sus garras?

Tanto sus manos como sus pies acababan en tres dedos rematados por fuertes y poderosas garras con las que atrapaba a sus presas.

La forma de su cabeza recordaba a la de un cocodrilo, ya que era larga y estrecha y terminaba en un hocico muy afinado. La disposición de los dientes también era parecida a la de esos temibles reptiles.

Es probable que caminase sobre las patas traseras y se apoyase también en las delanteras cuando se detenía a descansar.

Psittacosaurus

Aunque el aspecto de todos los dinosaurios nos resulta sorprendente, hay algunos que fueron una auténtica rareza. Y si no, ¿qué me decís de uno que tenía el tamaño de una gacela, un pico parecido al de los loros y un par de pequeños cuernos en la cara? ¡Premio para el más singular!

Se cree que este dinosaurio tenía un crecimiento más rápido que el de otros reptiles.

Tenía el cuerpo recubierto de escamas grandes repartidas de forma irregular, con otras más pequeñas entre medias.

■ Una madre para todos

Este dinosaurio cuidaba y protegía a sus crías mientras eran jóvenes y todas las madres anidaban juntas, de modo que las crías de distintas parejas se quedaban bajo el cuidado de un mismo adulto. Las crías masticaban su propio alimento desde que eran pequeñas.

¿Dónde vivía?

Este dinosaurio parece que vivía solo en la zona este del continente asiático, en China, Mongolia y Siberia.

¿Una cabeza cuadrada?

¡Pues sí! Tenía una estructura alta, con los contornos más o menos redondeados y un «morro» chato.

¿Qué comía?

Solo vegetales, que cortaba con el pico y los dientes y tragaba casi enteros, sin masticar. Junto a las plantas, también tragaba piedras para triturar después el alimento en el estómago.

◄ Las piedras que tragaba se llaman gastrolitos. Tienen el aspecto de cantos rodados, debido al pulido que se produce al chocar entre sí durante el proceso de molienda del alimento.

DATOS

Largo aprox.	2-2,5 m
Altura aprox.	0,5 m
Peso aprox.	Más de 20 kg
Alimentación	Herbívoro
Era	Vivió hace entre 100 y 130 millones de años, en el Cretácico
Significado del nombre	Lagarto con pico de loro

Tenía dientes afilados solo en la parte posterior de las mandíbulas, que le servían para cortar los vegetales.

Las patas traseras eran aproximadamente el doble de largas que las delanteras y en ellas se apoyaba para caminar, igual que lo hacen las aves. Las patas terminaban en cuatro dedos.

Se calcula **que podía vivir** entre **10 y 12 años** aproximadamente

Parasaurolophus

La característica más llamativa de este dinosaurio era la enorme cresta hueca que tenía en la cabeza y le convertía en un animal muy ruidoso ya que, al pasar el aire por los tubos del interior, producía un espectacular bramido similar al sonido de un trombón.

■ ¿Dónde vivía?

En América del Norte, en lugares pantanosos cercanos al mar, de clima cálido y con muchos helechos y coníferas.

Su cola era muy larga, robusta y aplanada por los lados. Estaba adornada con colores muy brillantes que servían para que la manada se mantuviera unida cuando atravesaba un bosque.

◄ Primer plano de las hileras de dientes del parasaurolophus.

■ ¿Tenía dientes?

No en el pico, pero en la parte posterior de la boca tenía cientos de ellos ordenados en columnas. ¡Toda una trituradora!

■ ¿Y esa hendidura?

Este dinosaurio tenía una especie de ranura en la columna vertebral que parece que le servía para apoyar su enorme cresta cuando estaba parado o para encajarla dentro cuando atravesaba un bosque muy cerrado y así no engancharse con las ramas.

La **cabeza**, con la **cresta** incluida, **medía más de** **1,5 m** de longitud

En la boca tenía una especie de mejillas que le servían para que el alimento no se le cayera mientras lo iba triturando.

Sus sentidos estaban muy desarrollados para detectar a los predadores y huir a tiempo.

DATOS

Largo aprox.	10 m
Altura aprox.	Casi 3 m
Peso aprox.	Entre 2,5 y 5 toneladas
Alimentación	Herbívoro
Era	Vivió hace entre 83-71 millones de años, en el Cretácico
Significado del nombre	Casi un lagarto con cresta

Parece que caminaba sobre las dos patas traseras, que eran largas y fuertes, pero si se paraba a buscar alimento, se desplazaba apoyado en las cuatro.

■ ¿Qué comía?

¡Solo plantas! Pero no solo las que encontraba en el suelo, sino también las hojas tiernas que arrancaba con el pico de árboles tan altos como un edificio de dos pisos.

Lambeosaurus

¿Un dinosaurio con cresta y que emitía un potente balido similar al de las ovejas? Pues sí, así era el lambeosaurus, un enorme herbívoro que vivió en distintas zonas de Canadá y Estados Unidos, bastante más grande que un elefante africano y casi tan pesado como él.

■ ¿Cómo era su cresta?

La parte delantera tenía forma de hacha, era alta, hueca, rectangular y estaba dirigida hacia delante. La parte trasera era sólida, más pequeña y formaba una púa que se orientaba hacia atrás. Solo los adultos tenían cresta.

▶ Cráneo fósil de lambeosaurus.

La cola era muy robusta y fuerte y la mantenía siempre rígida y levantada para que no tocara el suelo.

DATOS

Largo aprox.	9-10 m
Altura aprox.	5 m
Peso aprox.	4-6 toneladas
Alimentación	Herbívoro
Era	Vivió hace entre 83 y 71 millones de años, en el Cretácico
Significado del nombre	Lagarto de Lambe

■ ¿Para qué le servía la cresta?

Como estaba hueca, actuaba como caja de resonancia, igual que en un piano o un violín, y así el animal podía producir sonidos semejantes a balidos.

¿Qué comía?

Solo plantas, pero únicamente algunas partes de ellas, que cortaba o recogía con el pico. Después las trituraba en la boca con sus baterías de dientes y el movimiento de las mandíbulas, similar al de masticación en los mamíferos.

Por dentro de la cresta se extendía la cavidad nasal y eso mejoraba su olfato.

Tenía más de 100 dientes que se iban **renovando** continuamente

¿Un dinosaurio con pico?

La cabeza era alargada y terminaba en un hocico rematado por un pico plano y estrecho, similar por su forma al de un pato.

Las patas delanteras acababan en cuatro dedos; tres de ellos estaban fundidos formando un casco y el último quedaba libre para manipular objetos. Las patas traseras tenían tres dedos libres.

Parece que era bastante veloz y tenía la capacidad de desplazarse apoyado sobre dos patas o sobre las cuatro.

Lambeosaurus magnicristatus

¿Crestas iguales?

Dependiendo de la especie (se han descubierto restos de tres diferentes), la edad y el sexo de este dinosaurio, la cresta variaba tanto en forma como en tamaño.

31

Corythosaurus

Este dinosaurio resulta inconfundible por la enorme cresta que lucía en su cabeza, muy parecida a la que tienen los casuarios actuales. Cuando se alzaba sobre sus patas traseras, alcanzaba una altura similar ¡a la de un edificio de dos pisos! ¿Imaginas encontrarte con él?

Los costados del cuerpo y la cola estaban cubiertos por escamas de varios tipos.

¿Dónde vivía?

En la parte occidental de América del Norte, formando grupos o manadas para protegerse de los predadores.

¿Qué comía?

Se alimentaba de plantas bajas, agujas de pinos y otras coníferas, hojas tiernas, ramitas blandas y, sobre todo, frutos y semillas.

Largo aprox.	9,5 m
Altura aprox.	2,5 m
Peso aprox.	Casi 4,5 toneladas
Alimentación	Herbívoro
Era	Vivió hace entre 77 y 75 millones de años, en el Cretácico
Significado del nombre	Lagarto con casco

■ ¿Una cresta-trombón?

La cresta hueca funcionaba igual que ese instrumento musical y le servía para emitir un sonido muy potente y atronador, que podía escucharse a grandes distancias y le permitía comunicarse con el resto de la manada o a modo de sirena para avisar de algún peligro.

■ ¿Con pico y sin dientes?

El hocico terminaba en un pico similar al de un pato. Los dientes se situaban detrás, en la mandíbula; eran centenares y de tamaño muy pequeño y con ellos molía, no masticaba, los vegetales.

Aunque era un animal de gran tamaño, no estaba libre del ataque de los dinosaurios carnívoros. Su defensa era la huida y para ello, sus patas no tenían garras y estaban adaptadas a la carrera.

Su cresta tenía forma de abanico y medía ¡**30 cm** de altura!

Se desplazaba sobre sus patas traseras, es decir, era bípedo. Las patas, largas y fuertes, le permitían correr ágilmente hasta a 30 km/h.

Velociraptor

Su nombre ya nos dice que este dinosaurio era un gran corredor. Pero, además, el velociraptor fue uno de los más feroces predadores que existieron. Su tamaño, relativamente pequeño, no le impedía atreverse con presas mucho más grandes que él.

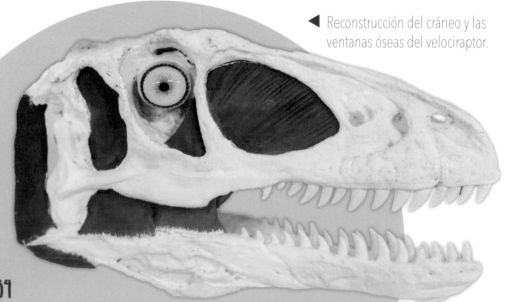

◀ Reconstrucción del cráneo y las ventanas óseas del velociraptor.

¿Cómo cazaba?

Corría tras su presa, saltaba sobre ella y la sujetaba con las afiladas garras de sus patas delanteras, mientras le clavaba en la garganta la enorme garra trasera. Después iba desgarrando la carne en trozos con los dientes, porque las mandíbulas no eran muy fuertes.

Largo aprox.	1,80 m
Altura aprox.	2 m
Peso aprox.	15 kg
Alimentación	Carnívoro
Era	Vivió hace entre 75 y 71 millones de años, en el Cretácico
Significado del nombre	Ladrón veloz

La cabeza terminaba en un hocico alargado, con 26-28 dientes en cada lado de las mandíbulas.

Sus dientes tenían un borde muy aserrado para desgarrar la carne con mayor facilidad.

■ ¿Dónde vivía?

En Asia, en el territorio donde ahora se extiende el desierto de Gobi, una zona de clima árido, con campos de dunas y pequeños arroyos que permitían el crecimiento de plantas.

■ ¿Era listo?

Teniendo en cuenta el tamaño de su cerebro, grande en comparación con su cuerpo, parece que era un dinosaurio muy inteligente.

■ ¿Tenía plumas?

Las patas delanteras estaban cubiertas con plumas muy similares a las de las aves y, como en ellas, los huesos estaban huecos, pero… ¡no podía volar!

■ ¿Cuánto corría?

Podía alcanzar una velocidad de hasta 40 km/h y la cola le ayudaba a mantener el equilibrio durante sus rápidas carreras.

Caminaba y corría sobre las patas traseras, apoyando únicamente los dedos tercero y cuarto.

Las patas delanteras, aunque cortas, eran fuertes y tenían dedos con garras.

Las garras tenían una forma curvada, semejante a una hoz, como las de las águilas actuales.

La enorme garra del segundo dedo de cada **pata trasera** medía casi **10 cm** de longitud

Oviraptor

El nombre de este dinosaurio hace pensar
que los huevos eran su manjar favorito.
O eso creyó su descubridor cuando
le encontró junto a un nido:
que se había acercado
a robar los huevos.
Pero después
se supo que el
nido era del
propio animal.
A veces, las
apariencias
engañan...

DATOS

Largo aprox.	1,5-2 m
Altura aprox.	90-150 cm
Peso aprox.	11-30 kg
Alimentación	Carnívoro / ¿Omnívoro?
Era	Vivió hace unos 75 millones de años, en el Cretácico
Significado del nombre	Ladrón de huevos

Su cabeza se parecía a la de un loro, pues era corta y redondeada, y se remataba con un pico curvo, muy poderoso y sin dientes. Parece que sobre el morro se alzaba una pequeña cresta ósea, pero se desconoce su tamaño, ya que no se ha hallado ningún cráneo.

▲ Reconstrucción de un esqueleto de oviraptor. Naturmuseum Senckenberg, Frankfurt, Alemania.

¿Era buen corredor?

¡No le quedaba más remedio! Era un dinosaurio pequeño y sin fuertes músculos, así que únicamente podía defenderse de los grandes carnívoros a base de velocidad y agilidad.

¿Dónde vivía?

Solo se han encontrado sus restos en el continente asiático, en la zona de Mongolia.

Probablemente tenía plumas en la cola y en las patas delanteras.

Un rasgo muy característico de este dinosaurio era la extraordinaria fuerza que podían desarrollar sus mandíbulas y que le permitían aplastar objetos muy duros, como las conchas de unos animales parecidos a las ostras.

No se sabe si era exclusivamente carnívoro o en su alimentación también incluía hojas y ramas.

¿Cómo caminaba?

Sobre las patas traseras, que eran largas y esbeltas. Tanto estas como las delanteras acababan en tres dedos con garras.

Tiranosaurio

Si preguntas a alguien por el nombre de un dinosaurio que conozca, casi seguro que responderá: «el tiranosaurio». Y es que el tiranosaurio rex se ha convertido en todo un mito: no solo hablamos del rey de los dinosaurios, sino quizá de la criatura más terrorífica y violenta que jamás haya existido.

Los más de **60 dientes** del tiranosaurio medían **hasta 20 cm** de longitud

■ ¿Cómo era?

Tenía una gran cabeza, dos extremidades superiores muy cortas, una gran cola y dos potentes patas traseras.

Su larga cola, con más de 40 vértebras, le servía para equilibrar el peso de la enorme cabeza. Muchos de sus huesos estaban huecos: así su peso era menor, pero su fuerza no.

■ ¿Dónde vivía?

El tiranosaurio solía habitar en bosques subtropicales llenos de helechos, plantas y árboles de América del Norte, en zonas cercanas a ríos y lagos.

■ ¿Qué comía?

¡Carne, carne y más carne! También era carroñero, e incluso podía comerse a otro colega suyo… ¡como los caníbales!

DATOS

Largo aprox.	12-15 m
Altura aprox.	7 m
Peso aprox.	6-8 toneladas
Alimentación	Carnívoro
Era	Vivió hace entre 65 y 70 millones de años, en el Cretácico
Significado del nombre	Reptil tirano

Su posición era bípeda, es decir, andaba sobre dos patas.

roarrrr

■ ¿Y esos bracitos?

Sus extremidades superiores eran muy, muy cortas; pero tenían la suficiente fuerza como para ayudarle a atraer hacia su cuerpo a sus presas, dejándolas sin escapatoria.

■ Mamá amorosa

La mamá tiranousario ponía de 10 a 20 huevos y los enterraba en la tierra o en el barro, de la misma manera que lo hacen las tortugas hoy en día. En menos de un mes, los pequeños nacían. Se cree que eran criados por su madre en un ambiente de protección.

Triceratops

Los tres cuernos y la gran gola que rodeaba su cabeza le daban un aspecto feroz e impresionante. Si, además, se considera que tenía mal carácter y pesaba lo mismo que un elefante actual, ¡cualquiera huiría asustado!

DATOS

Largo aprox.	8-9 m
Altura aprox.	3 m
Peso aprox.	10 toneladas
Alimentación	Herbívoro
Era	Vivió hace entre 70 y 65 millones de años, en el Cretácico
Significado del nombre	Cara de tres cuernos

¿Dónde vivía?

En el oeste de América del Norte, formando grandes manadas, como las de los bisontes actuales, pues de ese modo les era más fácil defenderse de los ataques de los predadores.

■ ¿Para qué utilizaba su gola?

El triceratops era herbívoro, así que, a pesar de su tamaño, era una presa apetecible para los grandes dinosaurios carnívoros con los que compartía territorio, como el tiranosaurio. Para defenderse de sus ataques empleaba la gola, que era de hueso macizo, como si fuera un escudo.

Los **dos cuernos** que tenía en la **frente** eran **curvos** y medían más de **1,5 m** de longitud

Aunque podían servirle como defensa, parece que utilizaba sus cuernos para herir, pero no matar, a otros machos de su manada cuando luchaba con ellos para elegir al más fuerte y al jefe del grupo.

La boca terminaba en un pico muy similar al de un loro, afilado y sin dientes, con el que arrancaba las plantas duras de las que se alimentaba.

■ ¿Cómo eran sus dientes?

Los dientes formaban filas al fondo de la boca y eran muy cortantes. Debido a que se alimentaba de plantas muy duras, se desgastaban con bastante rapidez. Por eso, cuando ya no cumplían bien su cometido de triturar, crecían otros nuevos.

Sus patas eran muy fuertes para soportar el gran peso de la cabeza y caminaba de forma similar a la de los rinocerontes actuales.

Ankylosaurus

Como si fuese un auténtico tanque acorazado, el cuerpo y la cabeza de este dinosaurio estaban protegidos por una sólida coraza de cientos de placas de hueso de distintas formas y tamaños, además de una batería de púas y salientes distribuidos por el dorso y los flancos.

■ ¿Dónde vivió?

En la zona oeste de América del Norte, donde ahora se levantan las Montañas Rocosas, pero que entonces era una región de clima cálido y húmedo.

■ ¿Rápido o lento?

Lo más probable es que fuera un animal de movimientos lentos y pausados, pues desplazar el enorme peso de la coraza debía ser muy trabajoso.

El gran mazo del final de la cola medía casi **50 cm** de ancho

Para aumentar la resistencia de la coraza y hacerla aún más inexpugnable, llevaba un recubrimiento de queratina, como en los cocodrilos.

■ ¿Qué comía?

Solo vegetales tiernos que cortaba con el pico y los pequeños dientes que tenía en la parte trasera de la mandíbula. Esta no era muy fuerte, así que tragaba el alimento casi sin masticar.

Las patas eran muy robustas y de huesos fuertes para poder soportar su enorme peso.

DATOS

Largo aprox.	6,5-10 m
Altura aprox.	1,8 m
Peso aprox.	3-6 toneladas
Alimentación	Herbívoro
Era	Vivió hace entre 68 y 66 millones de años, en el Cretácico
Significado del nombre	Lagarto acorazado

■ Un arma de defensa

Si algún predador se atrevía a atacar a este acorazado, debía enfrentarse a los terribles golpes que propinaba con la cola, similar a un mazo por su forma y el modo de manejarla. Su impacto al golpear era tan fuerte ¡que podía romper los huesos de un tiranosaurio!

Parece que tenía muy desarrollados los sentidos de la vista y el olfato.

Se piensa que pudo ser un animal excavador que utilizaba las patas delanteras para desenterrar el alimento.

■ ¿Cómo era su cabeza?

De forma triangular y terminada en un pico sin dientes. En la parte posterior sobresalían dos cuernos dirigidos hacia atrás y en las mejillas otros dos que apuntaban hacia atrás y hacia abajo.

¡Despega y aprende con tu
póster GIGANTE!

Contenido

© 2020, Editorial LIBSA
c/ San Rafael, 4 bis, local 18
28108 Alcobendas (Madrid)
Tel.: (34) 91 657 25 80
e-mail: libsa@libsa.es
www.libsa.es

Colaboración en textos: Carmen Martul Hernández
Edición, diseño y maquetación: Lola Maeso Fernández
Fotografía: Archivo editorial Libsa, Shutterstock, Getty Images

ISBN: 978-84-662-3985-1

DL: M-8931-2020